KANA'S STANDARD for baby
スタイリスト佐藤かなが作る
赤ちゃんのための服と小物

文化出版局

はじめに

　新しい家族の誕生を待つ高揚感、産後のめまぐるしい日々。赤ちゃんにまつわるあれこれはすべてが新鮮で濃密です。この本では、お子さんと過ごす時間の合間にも進められる簡単な小物や、シンプルでかわいいベビー服など、初心者さんにも試してほしいアイテムをたくさんご紹介しています。敏感な赤ちゃんのために素材にこだわりたいママさんにもおすすめです。かわいい赤ちゃんへ「はじめまして」のプレゼントを、心をこめたハンドメイドでぜひ。

佐藤かな

Contents

はじめに p.3

Part.1 生まれる前から作りたいもの

A
ベビードレス&ボンネット
p.7, 50

B
デイリースタイ
p.8, 53

C
おめかしスタイ
p.9, 54

D
ガーランド
p.10, 53

Part.2 おでかけに便利なもの

I
きんちゃく
p.15, 56

J
母子手帳ケース
p.16, 57

K
ねこのにぎにぎ人形
p.17, 55

L
ベビーシューズ
p.17, 58

Part.3 赤ちゃんに着せたい服

P
ロンパース
p.23, 62

Q
花柄キャミソール
p.24, 65

R
花柄ワンピース
p.26, 69

S
コーデュロイジャンパースカート
p.27, 70

T
インナーつきワンピース
p.28, 66

Part.4 アレンジでとことん楽しむ

ブルマいろいろ ..... p.41, 79, 81, 82　　まいにちブルマスタイル p.42

a

b

c

d

e

E	F	G	H
星のクッション	雲のクッション	ベビークラウン	スリーパー
p.10, 54	p.10, 54	p.12, 55	p.13, 60

M	N	O
リバーシブルベスト	帽子	お食事エプロン
p.18, 60	p.19, 59	p.20, 56

Column
アイロンプリントで
シンプル服をアレンジ
p.46, 86

how to make
p.49

U	V	W	X	Y	Z
サロペット	ブルマ	花柄サロペット	リネンサロペット	フリルつきサロペット	ショートパンツ
p.30, 72	p.32, 79	p.33, 78	p.34, 72	p.36, 76	p.38, 71

スタイでおめかし …… p.44, 53, 54, 80, 83, 85

f　g　h　i　j　k　l　m　n

Part.1 生まれる前から作りたいもの

間もなく会える赤ちゃんを思いながらハンドメイドの出産準備。生まれてすぐに使えるものばかりです。ていねいに心を込めて作ったものは、誕生の記念にもなります。

A
ベビードレス&ボンネット
産院からの退院時やお宮参りに使える上品で
ナチュラルなドレスです。男の子にはレースを
省いてシンプルなスタイルで作ってあげても。
how to make --> p.50

B
デイリースタイ

赤ちゃんのためのソーイングでまずはじめに作りやすいのがスタイです。吸収力のいいパイル生地×コットンの組合せは実用性も◎。

how to make --> p.53

c
おめかしスタイ

いわゆる「よだれかけ」にとどまらない、おしゃれアイテムとしてのスタイもおすすめ。ギャザーたっぷりで見栄えのするデザインです。

how to make --> p.54

D
ガーランド

E
星のクッション

F
雲のクッション

ガーランドもクッションも簡単にできるインテリアアイテムです。リネン素材で作ったクッションは、色や大きさを変えていくつも並べればお部屋もにぎやかに。

how to make --> D=p.53, E+F=p.54

G

ベビークラウン

赤ちゃんの成長をお祝いする場面におすすめのベビークラウン。ふんわり柔らかい作りなので赤ちゃんにも安心してかぶせられます。

how to make --> p.55

H
スリーパー

1日のほとんどを寝て過ごす赤ちゃんにナチュラル素材のスリーパーを。薄手に仕上げて夏の冷房対策に。あたたかな素材を使えば防寒に。

how to make --> p.60

Part.2
おでかけに便利なもの

大きくなってきた赤ちゃんと一緒におでかけできるようになるのも成長を感じられるうれしい出来事ですよね。そんな赤ちゃんとのおでかけに便利なものを作ってみませんか？

I

きんちゃく

赤ちゃんとのおでかけは大荷物。バッグの中で荷物を小分けにできる大きさ違いのきんちゃくです。柄を替えれば中身を区別できます。

how to make --> p.56

J
母子手帳ケース

予防接種や病気など、大きくなってくると病院に行く機会も頻繁に。どんどん増える診察券もまとめて整理できるかわいいケースです。

how to make --> p.57

K
ねこのにぎにぎ人形
やさしい肌触りのストレッチ素材を使ったねこのおもちゃです。中に鈴が入っていて、カラカラと音を鳴らして楽しめます。

L
ベビーシューズ
まだ歩かない小さな赤ちゃんにも、おでかけの時には靴を合わせてあげたいもの。履き口にはゴムを入れて脱ぎ履きしやすく快適に。

how to make --> K=p.55, L=p.58

M
リバーシブルベスト

まだ上手に体温調節ができない赤ちゃん。出先ではおれるベストが1枚あると便利です。リバーシブルで2通りの表情を楽しめます。

how to make --> p.60

N
帽子

帽子は夏のおでかけの必需品。リネン×コットン素材なら吸収性も高く、汗っかきの赤ちゃんも心地よくかぶれます。お洗濯も簡単。

how to make --> p.59

○
お食事エプロン

折り返した大きめポケットが立体的になり食べこぼしをキャッチ。防水素材で汚れにくく、折りたためば荷物にならず外出にも便利です。

how to make --> p.56

Part.3
赤ちゃんに着せたい服

首や腰がすわり、たっちができるようになってくると、赤ちゃんが着られるお洋服のバリエーションもぐんと増えます。ぜひ手作りのお洋服でおしゃれを楽しんでください。

P
ロンパース

赤ちゃんが赤ちゃんらしく見えるお洋服といえば、やはりロンパース。ぽっこり出たおなかも愛くるしく、かわいらしさも引き立ちます。

how to make --> p.62

Q
花柄キャミソール

ロンパースの上半身部分だけを使ったパターンでキャミソールを作りました。重ね着すれば一年中着られるおしゃれアイテムです。

how to make --> p.65

R
花柄ワンピース

清楚なリバティプリントを使った女の子らしい花柄ワンピースです。1枚着るだけで完成度の高いお出かけスタイルになります。

how to make --> p.69

s
コーデュロイジャンパースカート

コーデュロイ素材を用いた秋冬仕様のジャンパースカート。合わせるインナーしだいでカジュアルにもフォーマルにも着回しできます。

how to make --> p.70

T
インナーつきワンピース

ブルマと一体型のワンピースです。肩につけた
フリルもポイント。動くたびにチラッと見える
お尻もとってもキュートです。

how to make --> p.66

U
サロペット

あんよが上手になってきた赤ちゃんにシンプルなサロペットを。適度なコーディネート感も出るので、おしゃれの幅が広がります。

how to make --> p.72

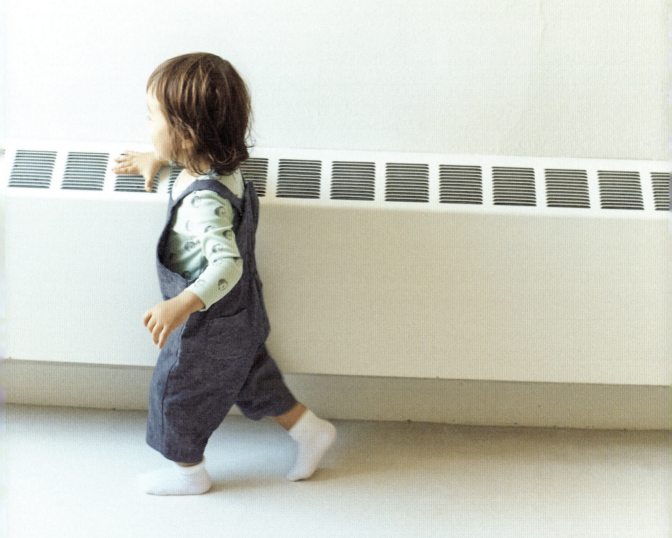

v
ブルマ

落ち着いた色味のデニムを使ったブルマは男女問わず着せられるスタンダードアイテム。タイツを合わせて秋冬のコーディネートにも。

how to make --> p.79

W
花柄サロペット

サロペットというと男の子が着る服というイメージが強いですが、こんな花柄の生地を使えばガーリーな女の子アイテムの出来上り。

how to make --> p.78

X

リネンサロペット

上質でしなやかなリネン素材のサロペット。裾をショートパンツ丈に仕上げて、夏の涼しげなワードローブの1枚にどうぞ。

how to make --> p.72

Y
フリルつきサロペット

肩ひもにフリルを施し、裾にはギャザーを寄せて表情を出しました。細畝のコーデュロイ素材はラベンダー色を選んで女の子らしく。

how to make --> p.76

Z
ショートパンツ

サロペットをアレンジしたアイテム。しっかりした綿素材で作れば一年中活躍すること間違いなし。両サイドのポケットもポイントです。

how to make --> p.71

Part.4
アレンジでとことん楽しむ

簡単にできるブルマやスタイは何枚あっても重宝します。作りがシンプルな分、アレンジを楽しめるのも手作りの醍醐味です。それぞれいくつかのバリエーションをご提案します。

ブルマいろいろ

シンプルなブルマをベースにアレンジ。ワンサイズですが、小さなベビーからキッズになるまで長くはける便利なアイテムです。

how to make --> a・c=p.81,
b・d=p.82, e=p.79

まいにちブルマスタイル

a lot of frills

フリルたっぷりで
後ろ姿が
かわいい！

はきやすくて
動きやすい！

with
the peplum

with
ribbon

大きなリボンが
アクセントに

a
お尻のフリルがボリュームたっぷりで愛嬌抜群。後ろ姿が自慢のアイテムです。トップスはシンプルにまとめるのが着こなしのポイント。

b
ペプラムつきのブルマは淡色のリバティプリントでお姉さんっぽい印象に。スウェットトップスでラフにコーディネートするのもおすすめです。

c
ウエストに挟み込んだベルトを後ろで大きなリボン結びにするガーリーなデザインです。白いタイツを合わせておでかけスタイルの完成。

like a ballerina

はくだけで
おしゃれがきまる

結婚式や
およばれもOK！

attach
suspenders

d
ふんわりしたチュールスカートでフォーマル仕様。同色のカーディガンを合わせて、上品なおめかしスタイルに。

e
基本型のVのブルマにサスペンダーをつけただけの簡単アレンジ。コーデュロイ素材で季節感もプラス。男の子にもおすすめのデザインです。

スタイでおめかし

アレンジしだいでカジュアルからフォーマルまで印象を変えられるスタイ。つけるだけでいろいろなテイストのおしゃれを楽しめます。

how to make --> f+g=p.80, h+j+k=p.83,
　　　　　　　　i=p.53, l+m=p.85, n=p.54

Column

アイロンプリントで
シンプル服をアレンジ

シンプルな既製品にひと手間加えるだけの簡単リメイク。カラフルなアイロンプリントシートを使ったオリジナル服はいかがですか?

how to make --> p.86

アルファベットをデザインして
アイロンプリントでワンポイント

Great for a gift!

ぬくもりのある手作りアイテム。かわいくラッピングして大切な人へのギフトにも。

how to make

●出来上り寸法

この本で紹介するベビードレスは新生児用、スタイ、スリーパー、ベスト、ブルマは、身長70～90cm用のワンサイズです。ロンパース、ワンピース、サロペットなどの洋服は、身長70、80、90cmの3サイズのパターンがあります。ロンパースの着丈がきつくなったら、ヒップラインくらいでパンツ部分をカットし、裾をあげてキャミソールにしても。ブルマはおむつがとれた後も長く愛用してください。

Part.1

A ベビードレス　バスト…55.8cm、着丈…65.5cm、袖丈…21cm
G ベビークラウン　頭回り…50～51.5cm
H スリーパー　バスト…86cm、着丈…54.6cm

Part.2

L ベビーシューズ　足…10cm
M リバーシブルベスト　バスト…70cm、着丈…25.5cm
N 帽子　頭回り…50cm／52cm

Part.3

P ロンパース、Q 花柄キャミソール
バスト…73cm／77cm／81cm　ヒップ…78cm／82cm／86cm
P 着丈…49cm／52cm／55cm　Q 着丈…38cm／40cm／42cm

R 花柄ワンピース、S コーデュロイジャンパースカート、
T インナーつきワンピース
バスト…56cm／60cm／64cm
R、S、T スカートのヒップ…90.5cm／97cm／103.5cm
T パンツのヒップ…42.6cm／45.6cm／48.6cm
R 着丈…45.2cm／48.2cm／51.2cm　S 着丈…42.7cm／45.2cm／47.7cm
T 着丈…35.7cm／38.2cm／40.7cm

U サロペット、W 花柄サロペット、X リネンサロペット、
Y フリルつきサロペット
ウエスト（仕上り）…54.5cm／58cm／61.5cm
ウエスト（最大）…63cm／67cm／71cm
ヒップ…64cm／68cm／72cm
U パンツ丈…29cm／34cm／39cm
W パンツ丈…21.5cm／24cm／26.5cm
X パンツ丈…22.5cm／25.5cm／28.5cm
Y パンツ丈…22cm／24cm／28.5cm

V ブルマ→Part.4 へ

Z ショートパンツ
ウエスト（仕上り）…44cm／47cm／50cm
ウエスト（最大）…63cm／67cm／71cm
ヒップ…64cm／68cm／72cm
パンツ丈…22.5cm／25.5cm／28.5cm

Part.4

a、c ブルマ（脇縫い目あり）
ウエスト（仕上り）…47cm　ウエスト（最大）…69cm
ヒップ…71cm　パンツ丈…24cm

V、b、d、e ブルマ（脇縫い目なし）
ウエスト（仕上り）…47cm　ウエスト（最大）…69cm
ヒップ…72cm　パンツ丈…24cm　d スカート丈…22cm

●参考データ

身長…50cm／70cm／80cm／90cm
バスト…32.5cm／45.6cm／48.7cm／50.7cm
体重…3kg／9kg／11kg／13kg
月齢…0か月／9か月／18か月／24か月
モデルの身長…80～85cm、80サイズの作品を着ています。

●実物大パターンについて

付録の実物大パターンは縫い代つきです。
内側のグレーの線が出来上り線、外側のピンクの線が縫い代つきの線になっています。縫い代つきパターンの便利なところは、裁断の時に縫い代をはかって布に印をつける手間がないこと。また、チョークペーパーなどで出来上り線の印つけはせずに、布端から指定の寸法で縫う（例えば0.7cmの縫い代なら、布端から0.7cm内側を縫う）方法を使います。
縫い代つきパターンに慣れていなくて不安な場合は、内側の出来上り線（グレーの線）でパターンを写し取り、裁合せ図の指定の縫い代をつけて裁断してから、出来上りの印をつけます。

●裁合せ図について

各作品の裁合せ図は、グレーディングしてあるパターンの場合、80サイズのパターンで配置しています。大きいサイズの場合は、同じ配置ができない可能性もあるため、材料の使用量が多くなっています。

●縫い代つきパターンを使う場合ー布の裁ち方

この本のパターンは縫い代つきですので、ピンクの線を写し取ると、内側に縫い代（寸法は各裁合せ図を参照）が含まれています。布の上にパターンを置いたら、パターンの紙端にそって布を裁ちます。

●縫い代つきパターンを使う場合ー印つけ

出来上り線での印つけはせずに、布端から指定の寸法で縫う方法を使います。そのために縫合せに必要な合い印は、位置の布端をパターンごと切込み（洋裁用語ではノッチ）を入れて印にします。わになっている中心は、縫い代の角を斜めに切って合い印に。印をつけ終わった後、パターンをはずします。ポケット位置などの縫い代より内側につける印は、織り糸を切らないように目打ちで小さく穴をあけるか、水で消せる印つけ用のペンなどで書いておきます。

A ベビードレス＆ボンネット
--> p.7

● 必要なパターン（実物大パターンA面）
ベビードレス…前、後ろ、袖、前後スカート、左前立て布
ボンネット…トップクラウン、サイドクラウン、ブリム
・リボンは、裁合せ図で示した寸法を
　直接布地にしるして裁ちます

● 材料
表布（綿ブロード）110cm幅 1.4m
両折りバイアステープ 12.7mm幅（衿ぐり分）を 36cm
ポンポンテープ 1cm幅（前端分）を 1.3m
レース 2cm幅（衿ぐり分）を 36cm、
1.2cm幅（前身頃、ボンネットのブリム分）を 1.2m、
4cm幅（裾分）を 1.3m
ストレッチレース 1.5cm幅（袖口分）を 28cm
くるみボタン（表布）直径 1cmを 9個
ナイロンスナップ直径 1cmを 9組み

● ベビードレスの縫い方
①前身頃にレースをつける（→ p.50）
②スカートの裾にピンタックをたたむ（→ p.50）
③前スカートにギャザーを寄せて、前身頃につける（→ p.51）
④前端の始末をする（→ p.51）
⑤後ろスカートにギャザーを寄せて、後ろ身頃につける
⑥肩を縫う。縫い代はジグザグミシンをかけて、後ろ側に倒す
⑦衿ぐりにレースをつけて、バイアステープで始末する
（→ p.51）
⑧身頃に袖をつける（→ p.51）
⑨袖下と脇を続けて縫う（→ p.51）
⑩袖口を折って、ストレッチレースをつける（→ p.52）
⑪裾にレースをつける（→ p.52）
⑫くるみボタンとスナップをつける

● 裁合せ図

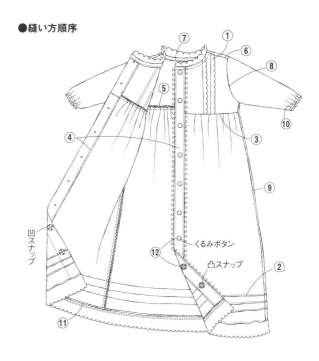

● 縫い方順序

ベビードレス

①前身頃にレースをつける

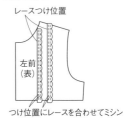

②スカートの裾にピンタックをたたむ

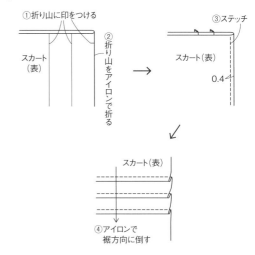

③前スカートにギャザーを寄せて、前身頃につける

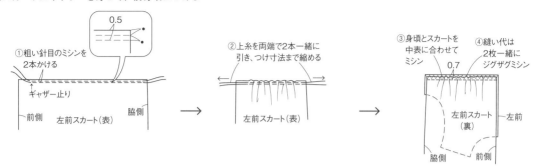

④前端の始末をする

⑦衿ぐりにレースをつけて、バイアステープで始末する

⑧身頃に袖をつける

⑨袖下と脇を続けて縫う

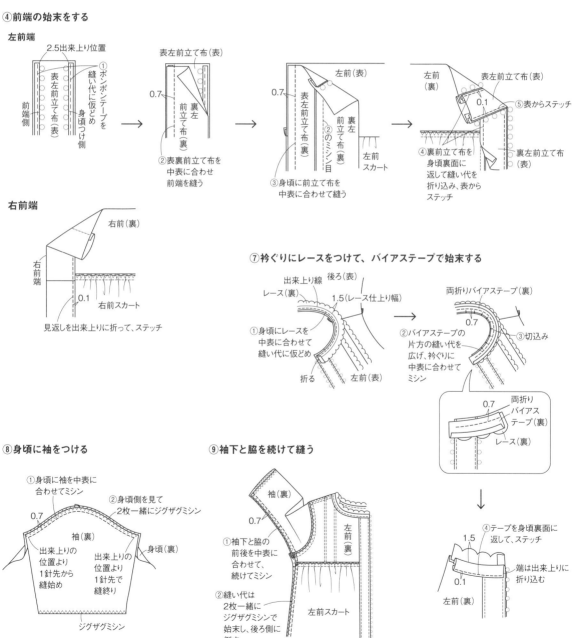

⑩袖口を折って、ストレッチレースをつける

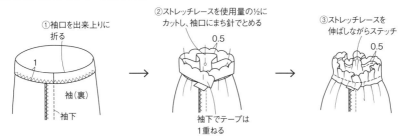

⑪裾にレースをつける

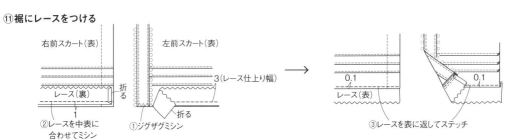

●ボンネットの縫い方
① ブリムを作る（→ p.52）
② 表サイドクラウンにギャザーを寄せて、表トップクラウンと合わせる（→ p.52）
③ リボンを作って（→ p.81）、表サイドクラウンに仮どめする（→ p.52）
④ 裏サイドクラウンにギャザーを寄せて、裏トップクラウンと合わせる
⑤ ブリムにギャザーを寄せて、サイドクラウンにつける（→ p.52）

ボンネット
①ブリムを作る

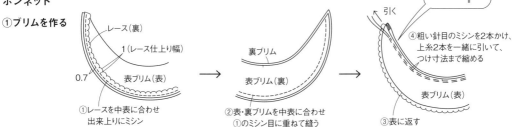

②表サイドクラウンにギャザーを寄せて、表トップクラウンと合わせる
③リボンを作って、表サイドクラウンに仮どめする
⑤ブリムにギャザーを寄せて、サイドクラウンにつける

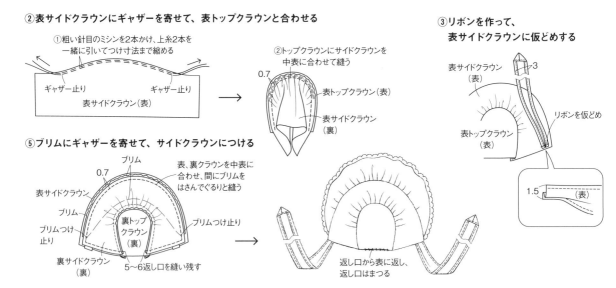

B デイリースタイ
--> p.8

i スタイでおめかし
--> p.45

●必要なパターン（実物大パターン B 面）
スタイ、リボン（B のみ）

●材料
B スタイ
表布（パイル地）20×30cm
裏布（コットンチェック）20×30cm
リボン（ギンガムチェック）10×15cm
アイロン接着マジックボタン直径 2.2cm を 1 組み
i スタイ
表布（コットンチェック）20×30cm
裏布（パイル地）20×30cm
フリンジテープ 2.5cm幅 25cm
アイロン接着マジックボタン直径 2.2cm を 1 組み

●縫い方
B スタイ
①表布と裏布を縫い合わせる（→ p.53）
②リボンを作ってつける（→ p.53）
③マジックボタンをつける
i スタイ
①表布にフリンジテープを仮どめする（→ p.53）
②表布と裏布を縫い合わせる（→ p.53）
③マジックボタンをつける

●裁合せ図

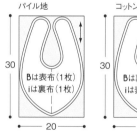
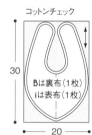
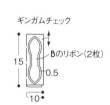

*指定以外の縫い代は 0.7cm

B-①、i-② 表布と裏布を縫い合わせる
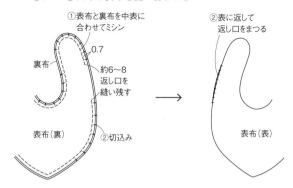

B-② リボンを作ってつける
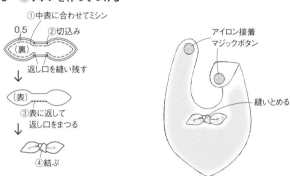

i-① 表布にフリンジテープを仮どめする
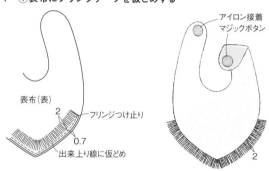

D ガーランド
--> p.10

●必要なパターン（実物大パターン A 面）
ガーランド丸形、三角形

●材料
モチーフ 1 点につき 30×15cm を各種適宜

●縫い方

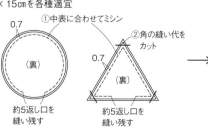
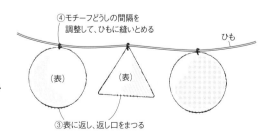

C おめかしスタイ
--> p.9

∩ スタイでおめかし
--> p.44, 45

●材料
C スタイ
表布（綿ローン）80×25cm
ゴムテープ 0.7cm幅を 26cm
リボン飾り 1個
アイロン接着マジックボタン直径 2.2cmを 1組み

∩ スタイ
表布（リネン）80×25cm
ゴムテープ 0.7cm幅を 26cm
山道テープ 0.5cm幅を 80cm
アイロン接着マジックボタン直径 2.2cmを 1組み

●縫い方
①上段と下段の裾を二つ折りにして縫う
②（∩のみ）山道テープをつける
③上段と下段を合わせて、ゴムテープを通す（→p.54）
④脇を三つ折りにして縫う（→p.54）
⑤アイロン接着マジックボタンをつける
⑥（Cのみ）リボン飾りをつける

●製図と裁合せ図
実物大パターンは使わずに、裁合せ図で示した寸法を直接布地にしるして裁ちます

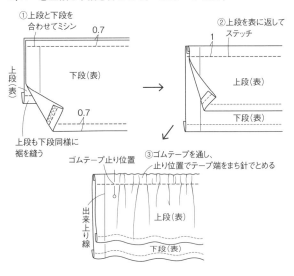

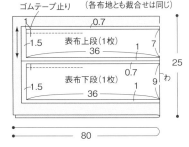
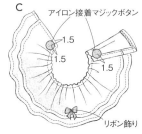
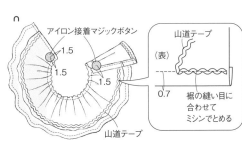

E 星のクッション
--> p.10

F 雲のクッション
--> p.10

●必要なパターン（実物大パターンA面）
E 星のクッション、F 雲のクッション

●材料
E 星のクッション
表布（リネン）Sサイズ 45×40cm、Mサイズ 55×50cm
別布（リネン）Sサイズ 45×40cm、Mサイズ 55×50cm
パンヤ各サイズ適宜

F 雲のクッション
表布（リネン）50×30cm
別布（リネン）50×30cm
パンヤ適宜

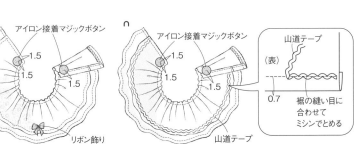
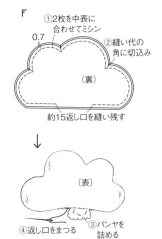

G ベビークラウン
--> p.12

●**必要なパターン（実物大パターンA面）**
ベビークラウン

●**材料**
表布（リネン）60×15cm
裏布（綿ローン）60×15cm
裏打ち布（パイル地）60×15cm
テープ 0.6cm幅を75cm
ナイロンスナップ直径1cmを4組み（凸側2個、凹側4個使用）
ポンポン飾り直径1.4cmを5個

●**縫い方**
①表布にテープを仮どめする（→p.55）
②裏布にパイル地を合わせて仮どめする（→p.55）
③表布と裏布を縫い合わせる（→p.55）
④ポンポン飾りをつける
⑤スナップをつける

●**裁合せ図**

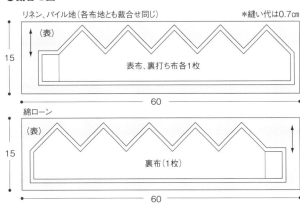

①**表布にテープを仮どめする**

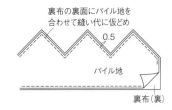

②**裏布にパイル地を合わせて仮どめする**

③**表布と裏布を縫い合わせる**

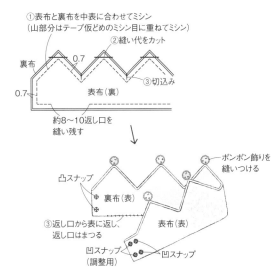

K ねこのにぎにぎ人形
--> p.17

●**必要なパターン（実物大パターンB面）**
ボディ

●**材料**
表布（スムースニット）15×20cm
裏布（スムースニット）15×20cm
プラ鈴直径2.6cmを1個
パンヤ適宜

●**裁合せ図**

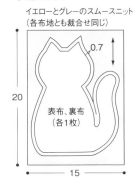

●**縫い方**

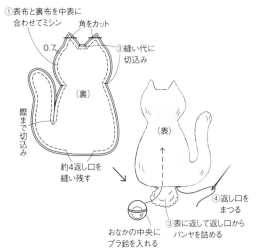

I きんちゃく
--> p.15

●材料
表布（コットンプリント）大は 50 × 100㎝、中は 40 × 90㎝、
小は 30 × 80㎝
別布（コットン無地）20 × 10㎝
綿ロープ太さ 0.5㎝を大は 1.9m、中は 1.5m、小は 1.3m

●縫い方
①両脇を縫う（→ p.56）
②袋口の始末をする（→ p.56）
③綿ロープを通して、ループエンドをつける（→ p.56）

●製図と裁合せ図
実物大パターンは使わずに、裁合せ図で示した寸法を直接布
地にしるして裁ちます

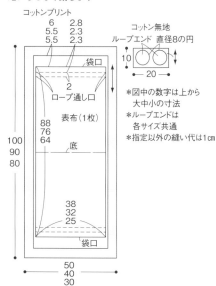

＊図中の数字は上から
大中小の寸法
＊ループエンドは
各サイズ共通
＊指定以外の縫い代は1㎝

①両脇を縫う

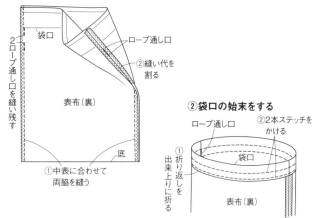

②袋口の始末をする

③綿ロープを通して、ループエンドをつける

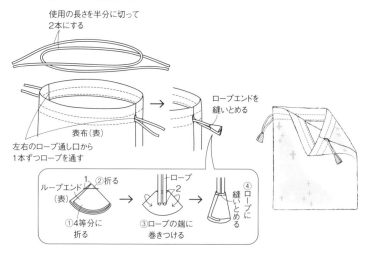

O お食事エプロン
--> p.20

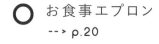

●必要なパターン（実物大パターン A 面）
エプロン、ポケット

●材料
表布（ビニールクロス）60 × 40㎝
縁とり用ナイロンバイアステープ 10㎜幅を 1.8m
プラスナップ直径 1.3㎝を 1 組み

●縫い方
①ポケット口を縁とり用バイアステープで始末する
②エプロンにポケットを合わせて、
　外回りを縁とり用バイアステープで始末する（→ p.56）
③スナップをつける

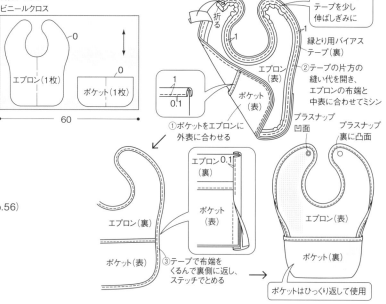

J 母子手帳ケース
--> p.16

● **必要なパターン（実物大パターン B 面）**
本体、ポケット A、ポケット B、ポケット C
・ペンホルダーは、裁合せ図に示した寸法を
直接布地にしるして裁ちます

● **材料**
ストライプ柄（本体表布分）40 × 40cm
ダンガリー（本体内側布分）25 × 35cm
ライトブルー（ポケット A 分）25 × 30cm
ピンク（ポケット A、ポケット B 分）25 × 55cm
水玉柄（ポケット C、ペンホルダー分）35 × 40cm
縁とり用バイアステープ 11mm幅を 1.1m
丸ゴムひも 26cm

● **縫い方**
① ポケットを作る（→ p.57）
② 表布に内側布、ポケットを重ねて
　外回りを縁とり用バイアステープで始末する（→ p.57）

● **裁合せ図**　　　*指定以外の縫い代は1cm

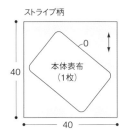

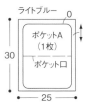

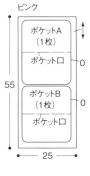

① ポケットを作る

左側ポケット

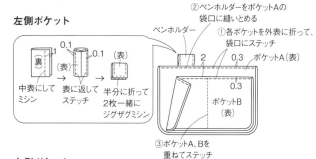

右側ポケット

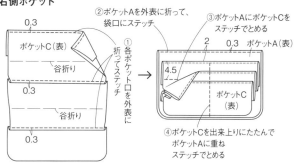

② 表布に内側布、ポケットを重ねて
外回りを縁とり用バイアステープで始末する

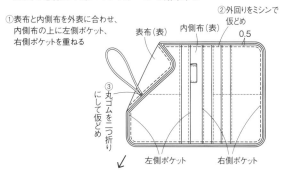

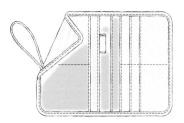

L ベビーシューズ
--> p.17

●必要なパターン（実物大パターンB面）
側面布、底布
・ベルトと後ろタブは、裁合せ図で示した寸法を
 直接布地にしるしして裁ちます

●材料
表布（コーデュロイ）45×25cm
裏布（コットンプリント）40×25cm
ゴムテープ 0.5cm幅を7cm
スナップ直径 0.8cmを2組み
カバードボタン（くるみボタン用）直径1cmを2個

●縫い方
①表シューズを作る（→ p.58）
②裏シューズを作る
③ベルトと後ろタブを作って、
　表シューズに仮どめする（→ p.58）
④表シューズと裏シューズを合わせて、
　ゴムテープをつける（→ p.58）
⑤くるみボタンとスナップをつける（→ p.58）

●裁合せ図

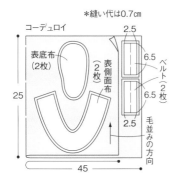

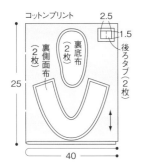

①表シューズを作る

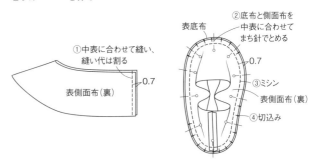

③ベルトと後ろタブを作って、表シューズに仮どめする

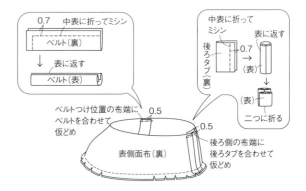

④表シューズと裏シューズを合わせて、ゴムテープをつける

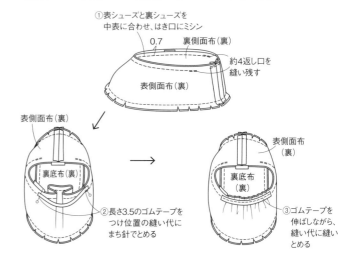

⑤くるみボタンとスナップをつける

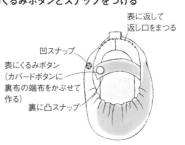

N 帽子
--> p.19

●**必要なパターン（実物大パターンA面）**
トップクラウン、サイドクラウン、ブリム
・ひもは、裁合せ図で示した寸法を
直接布地にしるして裁ちます

●**材料（頭回り50、52サイズ共通）**
表布（リネン）60×40cm
裏布（コットン水玉柄）60×40cm
スナップ直径0.8cmを1組み

●**縫い方**
①表帽子を作る（→p.59）
②ひもを作る
③裏帽子を作る（→p.59）
④表帽子と裏帽子を合わせる（→p.59）
⑤スナップをつける

●**裁合せ図**

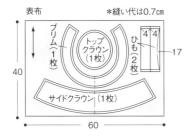

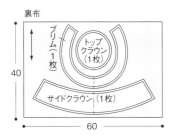

① 表帽子を作る

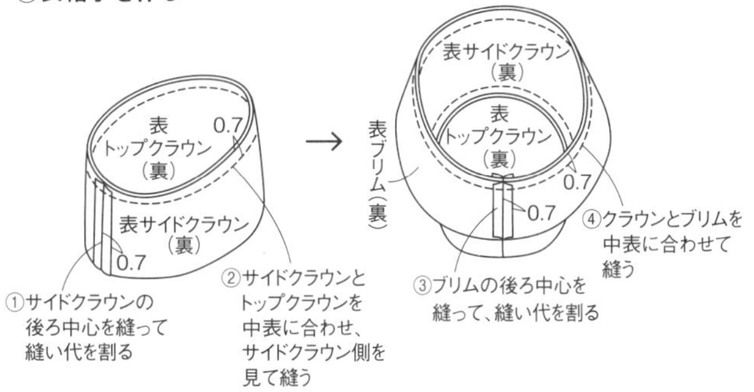

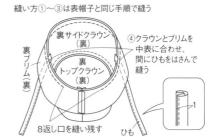

③ 裏帽子を作る

縫い方①〜③は表帽子と同じ手順で縫う

④ 表、裏帽子を合わせる

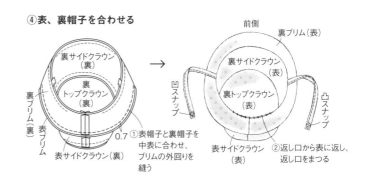

なるほどPOINT

直線とカーブの縫合せ方

帽子やバッグなど立体を作るときに知っておきたい縫い方ポイント。縫合せ位置は細かくまち針でとめ、しつけをかけてからミシン縫いをします。

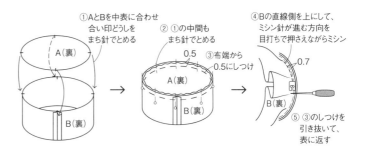

M リバーシブルベスト
--> p.18

H スリーパー
--> p.13

●必要なパターン（実物大パターン C 面）
M…前、後ろ
H…前、後ろ

●材料
M ベスト
表布（ダブルガーゼ）106㎝幅 0.3m
裏布（ダブルガーゼ）106㎝幅 0.3m
裏打ち布（フェイスタオル）34 × 85㎝を 1 枚
ナイロンスナップ直径 1.3㎝を 1 組み

H スリーパー
表布（リネンガーゼ）100㎝幅 0.6m
裏布（ダブルガーゼ）106㎝幅 0.6m
キルト芯 100㎝幅 60㎝
ナイロンスナップ直径 1.3㎝を 3 組み

●縫い方
①表布に M は裏打ち布、
　H はキルト芯を重ねて、表身頃を作る（→ p.60）
②表身頃と裏身頃の肩をそれぞれ縫う（→ p.61）
③表身頃と裏身頃を合わせて、衿ぐりと袖ぐりを縫う（→ p.61）
④表身頃と裏身頃の脇を縫う（→ p.61）
⑤裾をまつる（→ p.61）
⑥スナップをつける

●裁合せ図

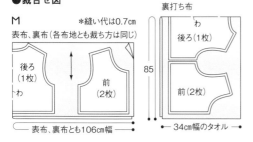

●縫い方順序

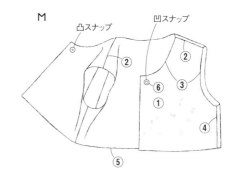

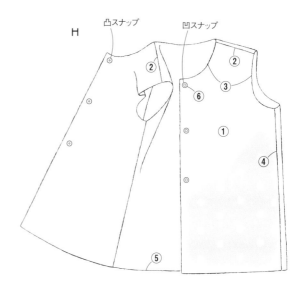

M. H - ①表布に M は裏打ち布、H はキルト芯を重ねて、表身頃を作る

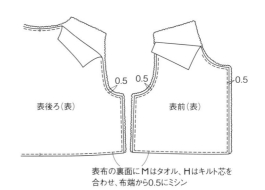

M.H-② 表身頃と裏身頃の肩をそれぞれ縫う

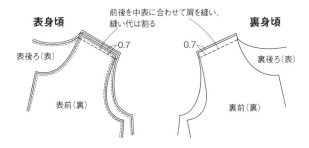

M.H-③ 表身頃と裏身頃を合わせて、衿ぐりと袖ぐりを縫う

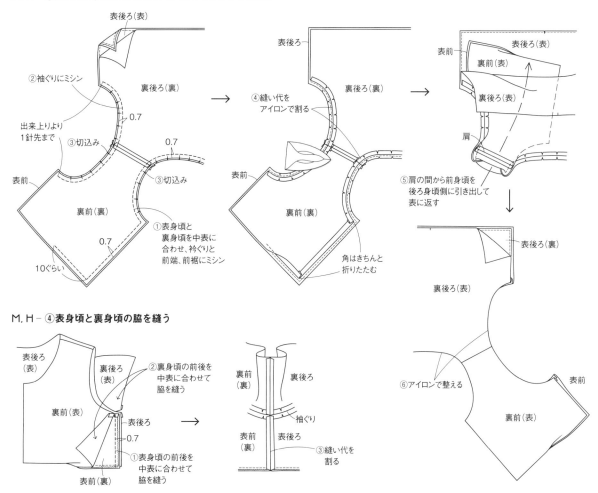

M.H-④ 表身頃と裏身頃の脇を縫う

M.H-⑤ 裾をまつる

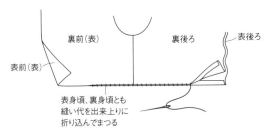

P ロンパース
--> p.23

●必要なパターン（実物大パターンB面）
前後身頃、前後見返し、肩ひも、前股下見返し、後ろ股下持出し
・リボン飾りは、裁合せ図で示した寸法を直接布地にしるして裁ちます

●材料（70／80／90サイズ）
表布（コットン）110cm幅 60cm／60cm／70cm
別布（コットン）70サイズは15×20cm、
80、90サイズは15×25cm
ゴムテープ1cm幅（身頃上端分）を39cm／42cm／45cm、
0.7cm幅（裾口、肩ひも分）70cm／76cm／82cm
ナイロンスナップ直径1.3cmを5組み

●縫う前の準備
・前後見返しの端に布の表面からジグザグミシンをかける
・前後見返しの脇を出来上りに折る
・裾をアイロンで三つ折りにする

●縫い方
① 肩ひもを作る（→ p.63）
② 身頃の脇を縫う（→ p.62）
③ 身頃に見返しをつける（→ p.63）
④ 身頃の前後にそれぞれゴムテープを通す（→ p.63）
⑤ 裾を三つ折りにして縫い、ゴムテープを通す（→ p.63）
⑥ 前股下に見返しをつける（→ p.64）
⑦ 後ろ股下に持出しをつける（→ p.64）
⑧ リボン飾りを作ってつける（→ p.64）
⑨ スナップをつける

●裁合せ図

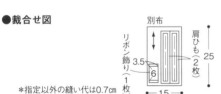

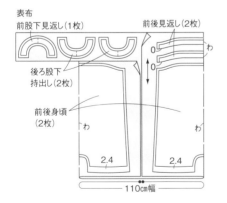

●縫い方順序

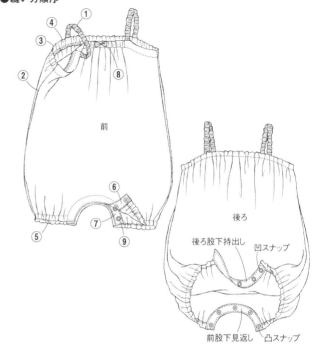

●縫う前の準備

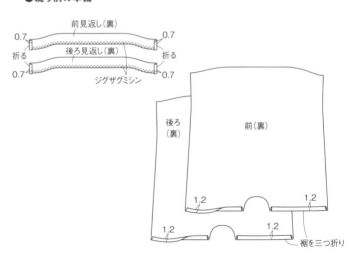

②身頃の脇を縫う

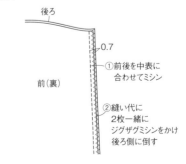

① **肩ひもを作る**

③ **身頃に見返しをつける**

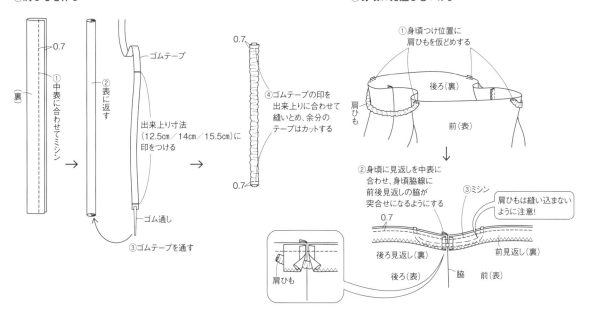

④ **身頃の前後にそれぞれゴムテープを通す**
※身頃は筒状になっていますが、平らな状態で図解しています

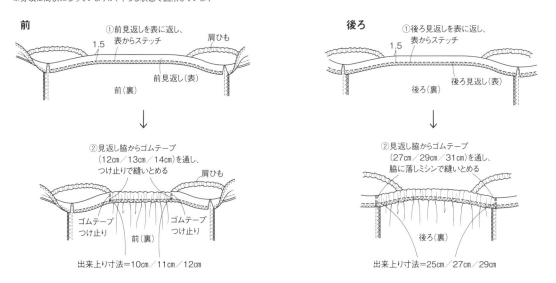

⑤ **裾を三つ折りにして縫い、ゴムテープを通す**

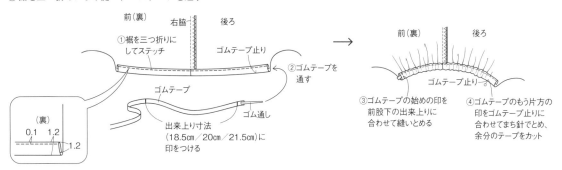

⑥ 前股下に見返しをつける

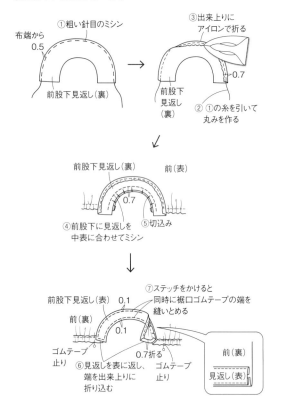

⑦ 後ろ股下に持出しをつける

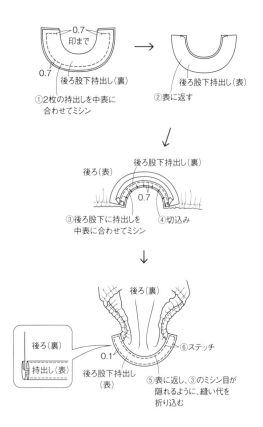

⑧ リボン飾りを作ってつける

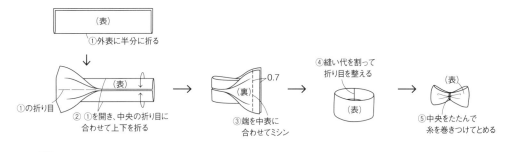

なるほど
POINT

ミシン糸とミシン針

布に合わせて選びます
きれいな縫い目に仕上げるため、ミシン糸とミシン針は布地の厚さや素材に合わせて相性のいい太さを選びます。次の例を参考にして使い分けてみましょう。ミシン糸は、たいていの布に使えるポリエステルミシン糸「シャッペスパン」が丈夫で布地とのなじみがいいのでおすすめ。薄手の布（綿ローン、ポリエステル）には90番のミシン糸と9番ミシン針を使い、普通の布（リネン、コットン、ウール）には60番のミシン糸と11番ミシン針を使います。

色数の多い柄物のミシン糸の選び方
縫い目が目立たないように布と同じ色目のものを選ぶのが基本ですが、柄物は中で多くつかわれている色を。購入するときは、売り場にある見本帳の糸1本を布にのせて、なじむ色を選びます。

Q 花柄キャミソール
--> p.24

● 必要なパターン (実物大パターン B 面)
前後身頃、前後見返し、肩ひも

● 材料 (70／80／90 サイズ)
表布 (綿ローン) 110cm幅 0.4m／0.4m／0.5m
ゴムテープ1cm幅 (身頃上端分) を 39cm／42cm／45cm、
0.7cm幅 (肩ひも分) 29cm／32cm／35cm
テープ 0.6cm幅を 1m

● 縫う前の準備
・前後見返しの端に布の表面からジグザグミシンをかける
・前後見返しの脇を出来上がりに折る
・裾をアイロンで三つ折りにする

● 縫い方
①肩ひもを作る (→ p.63)
②身頃の脇を縫う (→ p.62)
③身頃に見返しをつける (→ p.65)
④身頃の前後にそれぞれゴムテープを通す (→ p.63)
⑤裾を三つ折りにして縫う

● 裁合せ図

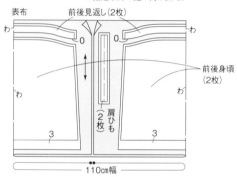

● 縫い方順序

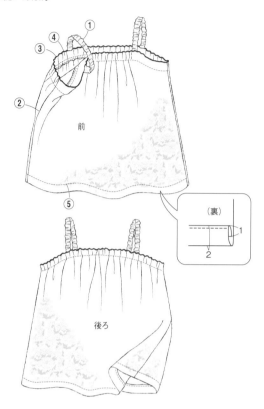

③ 身頃に見返しをつける

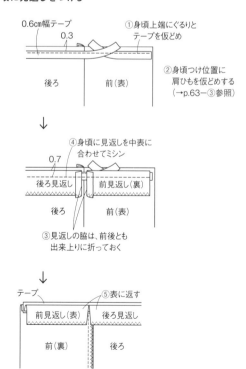

T インナーつきワンピース
--> p.28

● **必要なパターン（実物大パターンC面）**
前、後ろ、前後スカート、前パンツ、後ろパンツ、
前フリル、後ろフリル

● **材料（70／80／90サイズ）**
表布（コットン）110cm幅1m／1.1m／1.2m
別布（くるみボタン分）適宜
両折りバイアステープ12.7mm幅を80cm／80cm／90cm
ゴムテープ0.7cm幅を50cm／52cm／54cm
ナイロンスナップ直径1.3cm（股下分）を3組み、
直径1cm（肩分）4組み
くるみボタン直径1cmを3個

● **縫う前の準備**
・スカートとパンツの脇の縫い代、股下見返しの端に
 布の表面からジグザグミシンをかける
・スカートの裾をアイロンで三つ折りにする

● **縫い方**
①パンツの脇を縫う。縫い代は割る
②裾口をバイアステープで始末する（→ p.67）
③裾口にゴムテープを通す（→ p.67）
④パンツのウエストにギャザーを寄せる（→ p.67）
⑤スカートの脇を縫う。縫い代は割る
⑥裾を三つ折りにして縫う
⑦スカートのウエストにギャザーを寄せる（→ p.67）
⑧フリルを作って、表身頃に仮どめする（→ p.68）
⑨表身頃、裏身頃の脇をそれぞれ縫う。縫い代は割る
⑩パンツとスカートのウエストを合わせて、
 表身頃につける（→ p.68）
⑪表身頃と裏身頃を合わせる（→ p.68）
⑫くるみボタンとスナップをつける

● **裁合せ図**

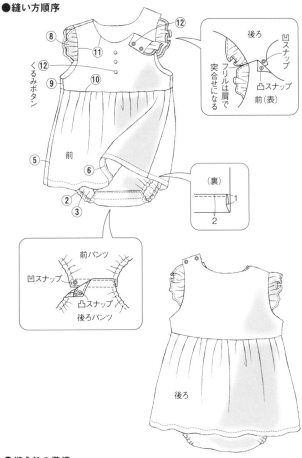

● **縫い方順序**

● **縫う前の準備**

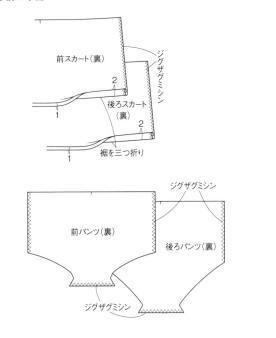

②裾口をバイアステープで始末する

※パンツは筒状になっていますが、平らな状態で図解しています

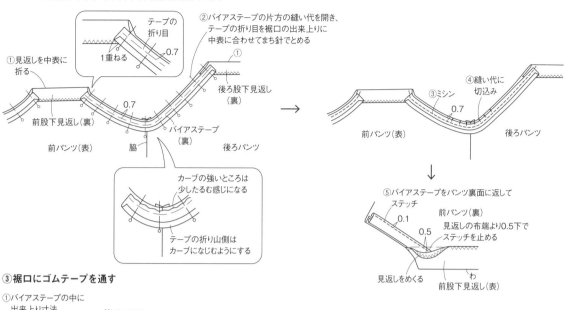

③裾口にゴムテープを通す

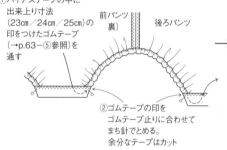

①バイアステープの中に出来上がり寸法（23cm／24cm／25cm）の印をつけたゴムテープ（→p.63-⑤参照）を通す

②ゴムテープの印をゴムテープ止りに合わせてまち針でとめる。余分なテープはカット

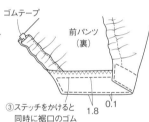

③ステッチをかけると同時に裾口のゴムテープの端を縫いとめる

※後ろも同様に縫う

④パンツのウエストにギャザーを寄せる

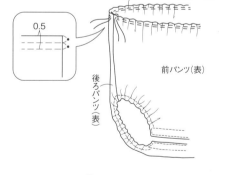

粗い針目のミシンを2本かけ、上糸を2本一緒に引いてつけ寸法（身頃のウエスト寸法）まで縮める

⑦スカートのウエストにギャザーを寄せる

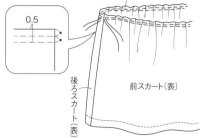

粗い針目のミシンを2本かけ、上糸を2本一緒に引いて、つけ寸法（身頃のウエスト寸法）まで縮める

なるほどPOINT

赤ちゃんにやさしいソーイングの付属品

a

b

c

d

a…ナイロンスナップ
糸で縫いつけるタイプで、半透明で目立ちにくく、メタルのものより軽い。p.23のロンパースの股下あきなどに使用

b…プラスナップ
プラスチック製のパーツを布にはさんでつけるタイプ。専用のプレス機を使用するものと打ち具が要らずに手で取り付けられるものがある。p.20のエプロンに使用

c…アイロン接着マジックボタン
ボタン代りに使える丸形の面ファスナーで、簡単にアイロンでつけられる。受け側、はりつけ側とも肌当りがソフト。p.44,45のスタイに使用

d…くるみボタン（カバードボタン）
好みの布をかぶせて作るボタン。キットに入っている専用の打ち具を使ってパーツをはめ込んで作る。手芸店で作ってくれるところもある。p.7のベビードレス、p.28のワンピースなどに使用

⑧ フリルを作って、表身頃に仮どめする

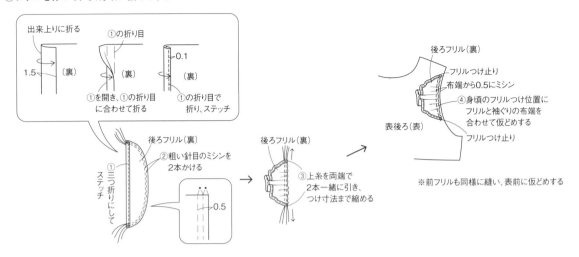

⑩ パンツとスカートのウエストを合わせて、表身頃につける

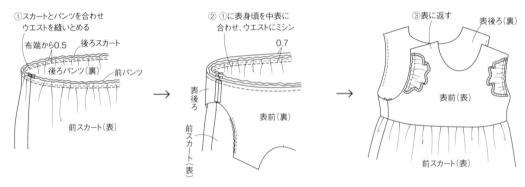

⑪ 表身頃と裏身頃を合わせる

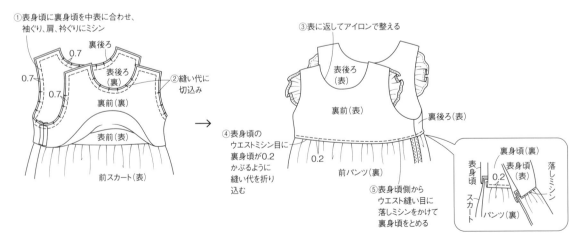

R 花柄ワンピース
--> p.26

● **必要なパターン（実物大パターンC面）**
前、後ろ、前後スカート

● **材料（70／80／90サイズ）**
表布（綿ローン）110cm幅 0.8m／0.9m／0.9m
コードパイピングテープ1cm幅を60cm／65cm／70cm
ナイロンスナップ直径1cmを4組み

● **縫う前の準備**
・スカートの脇の縫い代に布の表面からジグザグミシンをかける
・スカートの裾をアイロンで三つ折りにする

● **縫い方**
①表身頃と裏身頃の脇をそれぞれ縫う。縫い代は割る
②スカートの脇を縫う。縫い代は割る
③スカートのウエストにギャザーを寄せて（→p.67）、表身頃につける（→p.69）
④表身頃と裏身頃を合わせる（→p.68＋p.69）
⑤裾を三つ折りにして縫う
⑥スナップをつける

● **裁合せ図**

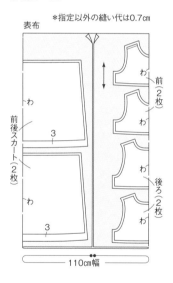

● **縫い方順序**

③スカートのウエストにギャザーを寄せて、表身頃につける

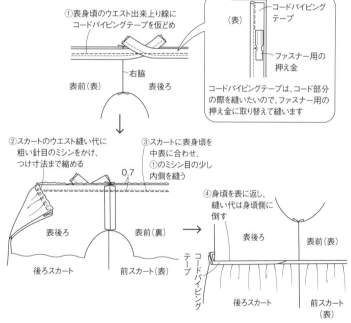

④表身頃と裏身頃を合わせる

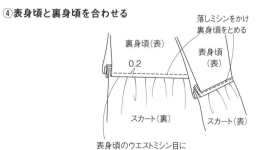

表身頃のウエストミシン目に
裏身頃が0.2かぶるように縫い代を折り込む

S コーデュロイジャンパースカート
--> p.27

● 縫い方順序

●**必要なパターン（実物大パターンC面）**
前、後ろ、前後スカート、前後裾フリル

●**材料（70／80／90 サイズ）**
表布（コーデュロイ）142cm幅 0.8m／0.8m／0.9m
ナイロンスナップ直径1cmを4組み

●**縫う前の準備**
・スカートの脇、裾フリルの縫い代に
　布の表面からジグザグミシンをかける
・裾フリルの裾をアイロンで三つ折りにする

●**縫い方**
①表身頃と裏身頃の脇をそれぞれ縫う。縫い代は割る
②スカートの脇を縫う。縫い代は割る
③裾フリルの脇を縫う。縫い代は割る
④裾フリルの裾を三つ折りにして縫う
⑤裾フリルにギャザーを寄せて、スカートにつける（→p.70）
⑥スカートのウエストにギャザーを寄せて（→p.67）、
　表身頃につける
⑦表身頃と裏身頃を合わせる（→p.68）
⑧スナップをつける

●**裁合せ図**

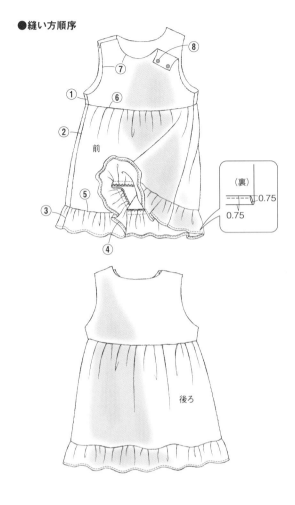

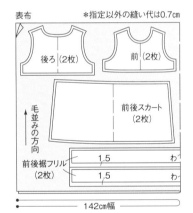

⑤裾フリルにギャザーを寄せて、スカートにつける

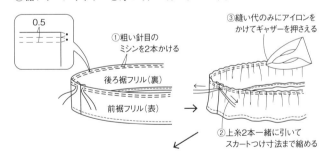

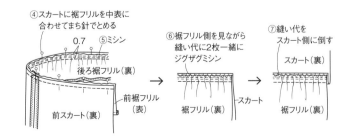

Z ショートパンツ
--> p.38

●必要なパターン（実物大パターン C、D 面）
C 面=前ベルト、後ろベルト
D 面=前パンツ、後ろパンツ、後ろポケット、脇ポケット

●材料 (70 / 80 / 90 サイズ)
表布（コットン）110cm幅 0.6m
ゴムテープ 2.5cm幅を 45cm／48cm／51cm

●縫う前の準備
・股下の縫い代に布の表面からジグザグミシンをかける
・裾、後ろポケット口、脇ポケット口を
　アイロンで三つ折りにする

●縫い方
①後ろポケットを作ってつける（→ p.73）
②脇を縫う（→ p.77）
③脇ポケットを作ってつける（→ p.71）
④股下を縫う（→ p.77）
⑤裾を三つ折りにして縫う
⑥股上を前後続けて縫う（→ p.77）
⑦ベルトの脇を縫う（→ p.71）
⑧ベルトをパンツにつけて、ゴムテープを通す（→ p.71）

●裁合せ図

●縫い方順序

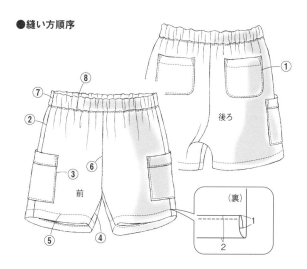

③脇ポケットを作ってつける

⑦ベルトの脇を縫う

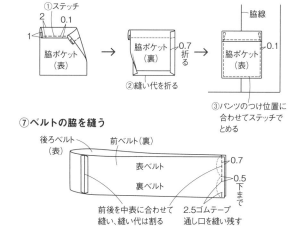

⑧ベルトをパンツにつけて、ゴムテープを通す

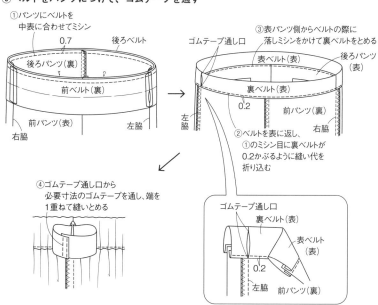

U サロペット
--> p.30

X リネンサロペット
--> p.34

● **必要なパターン（実物大パターン C、D 面）**
C 面＝前ベルト、後ろベルト、サスペンダー
D 面＝前パンツ、後ろパンツ、前、後ろ、後ろポケット、
前見返し、後ろ見返し、前股下持出し、後ろ股下見返し

● **材料（70 ／ 80 ／ 90 サイズ）**
U サロペット
表布（ダンガリー）110㎝幅 1m ／ 1m ／ 1.1m
ゴムテープ 2.5㎝幅を 28.5㎝／ 30㎝／ 31.5㎝
ナイロンスナップ直径 1.3㎝を 9 組み

X サロペット
表布（リネン）110㎝幅 0.9m ／ 0.9m ／ 1m
ゴムテープ 2.5㎝幅を 28.5㎝／ 30㎝／ 31.5㎝
ナイロンスナップ直径 1.3㎝を 5 組み
ボタン直径 1.8㎝を 2 個

● **縫う前の準備**
・前見返し、後ろ見返しの端に布の表面から
　ジグザグミシンをかける
・裾、後ろポケット口をアイロンで三つ折りにする

● **縫い方**
①後ろポケットを作ってつける（→ p.73）
②後ろ股上を縫う（→ p.73）
③前股上を縫う
④パンツの脇を縫う（→ p.74）
⑤裾を三つ折りにして縫う
⑥後ろ股下に見返しをつける（→ p.74）
⑦前股下に持出しをつける（→ p.74）
⑧後ろを後ろベルトにつける（→ p.74）
⑨前を前ベルトにつける（→ p.74）
⑩ベルトの脇を縫う（→ p.74）
⑪ベルトをパンツにつける（→ p.74）
⑫見返しの脇を縫う（→ p.75）
⑬サスペンダーを作って、
　U は前に X は後ろに仮どめする（→ p.75）
⑭身頃に見返しをつける（→ p.75）
⑮後ろベルトにゴムテープを通す（→ p.75）
⑯スナップ、ボタン（X のみ）をつける

● **裁合せ図**

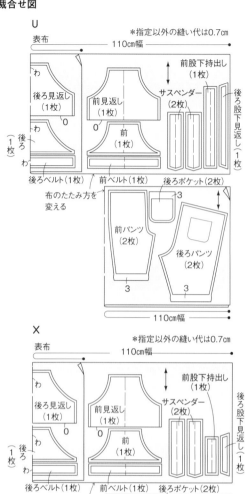

● **縫う前の準備**

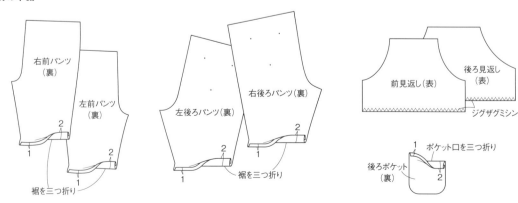

●縫い方順序

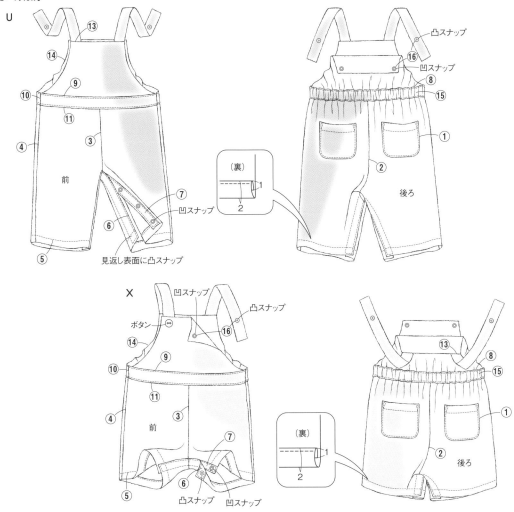

U, X－① 後ろポケットを作ってつける

U, X－② 後ろ股上を縫う

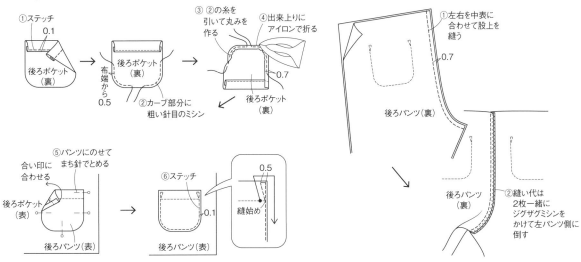

73

U. X-④ パンツの脇を縫う

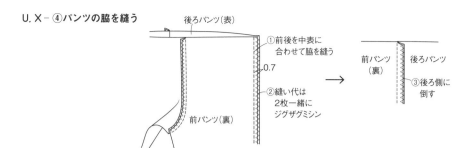

U. X-⑥ 後ろ股下に見返しをつける

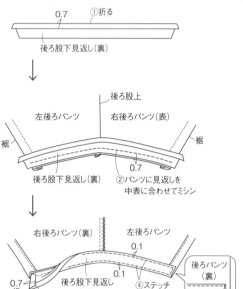

U. X-⑦ 前股下に持出しをつける

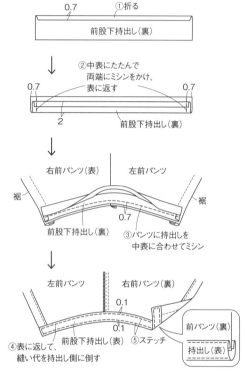

U. X-⑧ 後ろを後ろベルトにつける

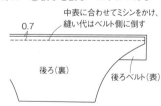

U. X-⑨ 前を前ベルトにつける

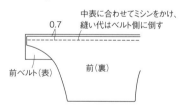

U. X-⑩ ベルトの脇を縫う

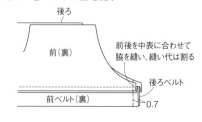

U. X-⑪ ベルトをパンツにつける

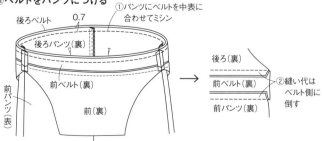

U, X-⑫ 見返しの脇を縫う

U-⑬ サスペンダーを作って、前に仮どめする

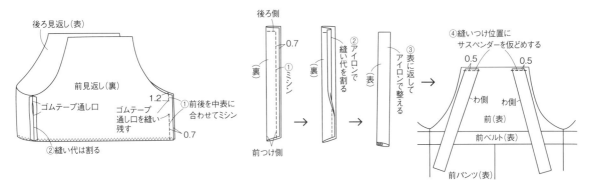

U-⑭ 身頃に見返しをつける

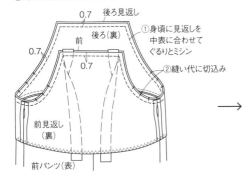
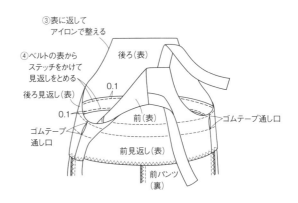

U, X-⑮ 後ろベルトにゴムテープを通す

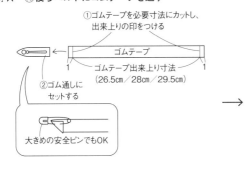
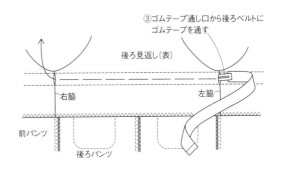

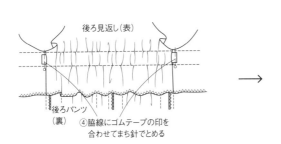
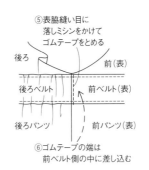

Y フリルつきサロペット
--> p.36

●必要なパターン（実物大パターン C、D 面）
C 面＝前ベルト、後ろベルト、サスペンダー
D 面＝前パンツ、後ろパンツ、前、後ろ、後ろポケット、フリル、前見返し、後ろ見返し、裾口布

●材料（70／80／90 サイズ）
表布（コーデュロイ）108cm幅 0.9m／1m／1.1m
ゴムテープ 2.5cm幅を 28.5cm／30cm／31.5cm
ナイロンスナップ直径 1.3cm を 2 組み

●縫う前の準備
・前見返し、後ろ見返しの端、股下の縫い代に布の表面からジグザグミシンをかける
・フリル外回り、後ろポケット口をアイロンで三つ折りにする
・サスペンダーをアイロンで出来上りに折る

●縫い方
① 後ろポケットを作ってつける（→ p.73）
② パンツの脇を縫う（→ p.77）
③ 股下を縫う（→ p.77）
④ 裾にギャザーを寄せて、裾口布をつける（→ p.77）
⑤ 股上を前後続けて縫う（→ p.77）
⑥ 後ろを後ろベルトにつける（→ p.74）
⑦ 前を前ベルトにつける（→ p.74）
⑧ ベルトの脇を縫う（→ p.74）
⑨ ベルトをパンツにつける（→ p.74）
⑩ 見返しの脇を縫う（→ p.75）
⑪ フリルを作る（→ p.68）
⑫ サスペンダーを作って、前に仮どめする（→ p.77）
⑬ 身頃に見返しをつける（→ p.75）
⑭ 後ろベルトにゴムテープを通す（→ p.75）
⑮ スナップをつける

●裁合せ図

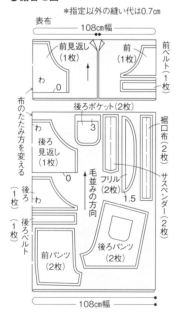

●縫い方順序

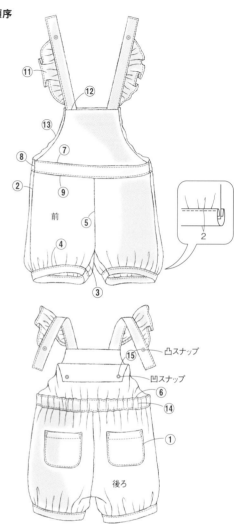

なるほど POINT

印をつけずに 0.7cmの縫い代幅を縫う

この本のパターンは、縫い合わせる際の縫い代幅をほとんど 0.7cm に設定しています。縫い代幅が 1cm、1.5cm の場合は、ミシンの針板の目盛りにあわせて縫うことができますが、0.7cm の寸法は目盛りがなく、定規ではかってミシン縫いは手間がかかります。そんなときは押え金の幅をガイド代わりにして縫う方法を知っておくと便利です。

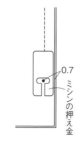

ミシンの針穴から直線縫いの押え金の右端までがだいたい 0.7cm なので、布端を押え金の右端にあわせるようにしてミシンをかけます。ただ押え金の幅はミシンによって違うので、試し縫いをして位置を確認してから本縫いをしましょう。

② パンツの脇を縫う

③ 股下を縫う

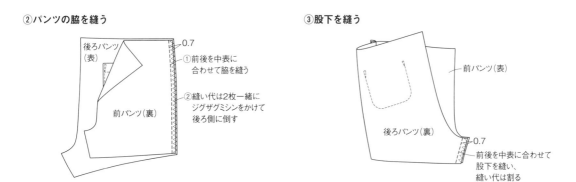

④ 裾にギャザーを寄せて、裾口布をつける

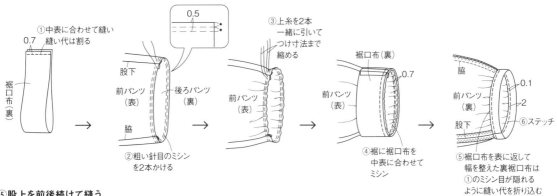

⑤ 股上を前後続けて縫う

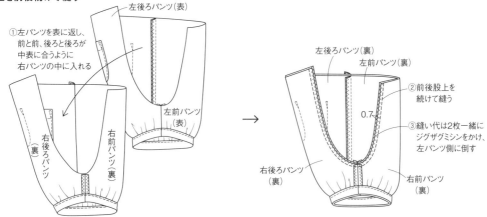

⑫ サスペンダーを作って、前に仮どめする

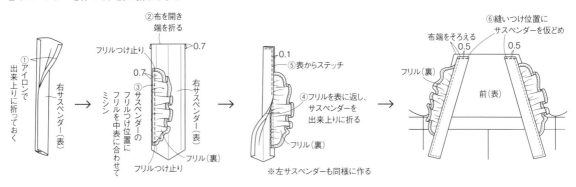

W 花柄サロペット
--> p.33

● **必要なパターン（実物大パターン C、D 面）**
C 面＝前ベルト、後ろベルト、サスペンダー
D 面＝前パンツ、後ろパンツ、前、後ろ、後ろポケット、前見返し、後ろ見返し、前股下持出し、後ろ股下見返し

● **材料（70／80／90 サイズ）**
表布（綿ローン）110cm幅 0.9m
ゴムテープ 2.5cm幅（後ろウエスト分）を 28.5cm／30cm／31.5cm
0.7cm幅（裾口分）を 38cm／40cm／42cm
ナイロンスナップ直径 1.3cm を 5 組み

● **縫う前の準備**
・前見返し、後ろ見返しの端に布の表面から
　ジグザグミシンをかける
・裾、後ろポケット口をアイロンで三つ折りにする

● **縫い方**
① 後ろポケットを作ってつける（→ p.73）
② 後ろ股上を縫う（→ p.73）
③ 前股上を縫う
④ パンツの脇を縫う（→ p.74）
⑤ 裾を三つ折りにして縫い、ゴムテープを通す（→ p.78）
⑥ 後ろ股下に見返しをつける（→ p.74 + p.78）
⑦ 前股下に持出しをつける（→ p.74 + p.78）
⑧ 後ろを後ろベルトにつける（→ p.74）
⑨ 前を前ベルトにつける（→ p.74）
⑩ ベルトの脇を縫う（→ p.74）
⑪ ベルトをパンツにつける（→ p.74）
⑫ 見返しの脇を縫う（→ p.75）
⑬ サスペンダーを作って（→ p.75）、後ろに仮どめする
⑭ 身頃に見返しをつける（→ p.75）
⑮ 後ろベルトにゴムテープを通す（→ p.75）
⑯ スナップをつける

● **裁合せ図**

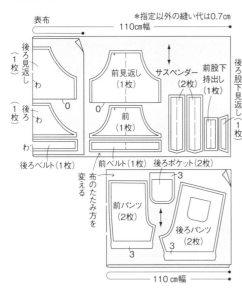

● 縫い方順序

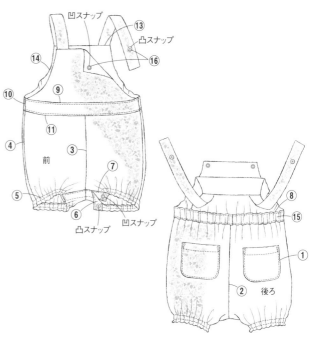

⑤ 裾を三つ折りにして縫い、ゴムテープを通す

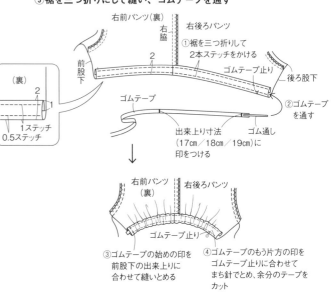

⑥ 後ろ股下に見返しをつける

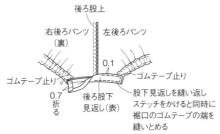

⑦ 前股下に持出しをつける

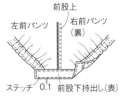

V ブルマ
--> p.32

e ブルマいろいろ
--> p.41（右下）

●必要なパターン（実物大パターンB面）
前後パンツ、サスペンダー（e のみ）
・e のサスペンダーは、実物大パターンもありますが、裁合せ図で示した寸法を直接布地にしるして裁つこともできます

●材料
V ブルマ
表布（デニム）110cm幅 0.4m
ゴムテープ 2cm幅（ウエスト分）48cm、0.5cm幅（裾口分）46cm
e ブルマ
表布（コーデュロイ）142cm幅 70=0.5m／80=0.6m／90=0.6m
ゴムテープ 2cm幅（ウエスト分）48cm、0.5cm幅（裾口分）46cm
スナップ直径1.4cmを2組み

●縫う前の準備
・股下の縫い代に布の表面からジグザグミシンをかける
・ウエストと裾をアイロンで三つ折りにする

●縫い方
① 股下を縫う（→ p.79）
② 裾を三つ折りにして縫い、ゴムテープを通す（→ p.79）
③ 股上を前後続けて縫う（→ p.79）
④ ウエストを三つ折りにして縫い、ゴムテープを通す（→ p.80）
⑤（e のみ）サスペンダーを作ってつける（→ p.80）

●裁合せ図

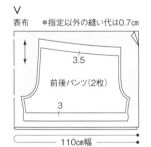

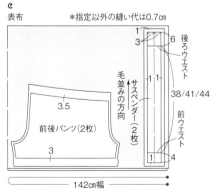

●縫い方順序

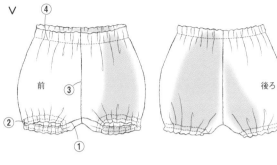

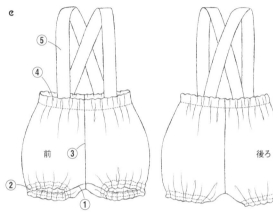

V・e－① 股下を縫う　V・e－② 裾を三つ折りにして縫い、ゴムテープを通す

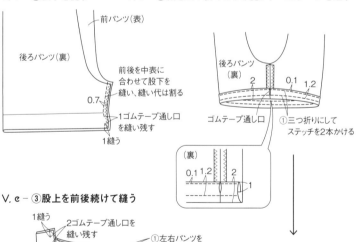

V・e－③ 股上を前後続けて縫う

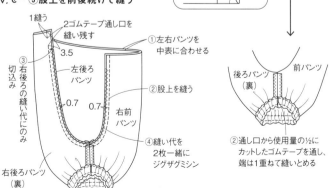

V. e-④ ウエストを三つ折りにして縫い、
ゴムテープを通す

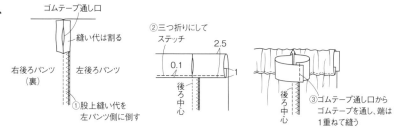

e-⑤ サスペンダーを作ってつける

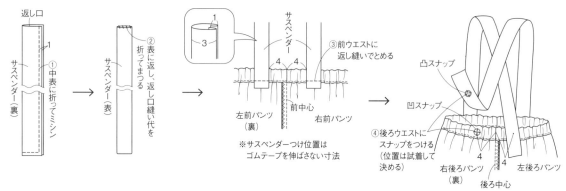

f スタイでおめかし
--> p.45（左上）

g スタイでおめかし
--> p.45（中上）

● 必要なパターン（実物大パターン A 面）
スタイ

● 材料
f スタイ
表布（コットン無地）20×25cm
裏布（パイル地）20×25cm
プリーツフリルレース 3.8cm幅を 32cm
アイロン接着マジックボタン直径2.2cmを1組み

g スタイ
表布（リネン無地）20×25cm
裏布（リネンストライプ）20×25cm
コードパイピングテープ1cm幅を1m
アイロン接着マジックボタン直径2.2cmを1組み

● 縫い方
① 表布にfはレース（→p.80）を
  gはコードパイピングテープ（→p.69）を仮どめする
② 表布と裏布を縫い合わせる（→p.80）
③ マジックボタンをつける

● 裁合せ図

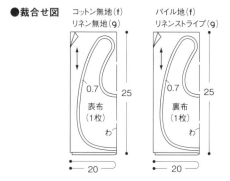

f-① 表布にレース仮どめする　f-② 表布と裏布を縫い合わせる　g-② 表布と裏布を縫い合わせる

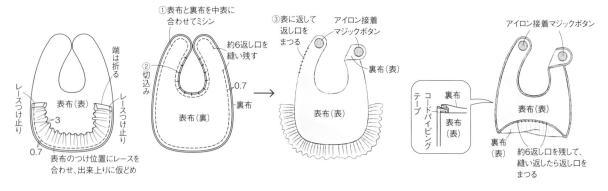

a ブルマいろいろ
--> p.41（左上）

c ブルマいろいろ
--> p.41（中央）

●必要なパターン（実物大パターンA面）
前パンツ、後ろパンツ、上段フリル（aのみ）、
中段フリル（aのみ）、下段フリル（aのみ）、リボン（cのみ）
・aの上段フリル、中段フリル、下段フリル、
　cのリボンは実物大パターンもありますが、
　裁合せ図で示した寸法を直接布地にしるして裁つこともできます

●材料
a ブルマ
表布（ギンガムチェック）110cm幅 0.7m
ゴムテープ 2cm幅（ウエスト分）48cm、0.5cm幅（裾口分）46cm

c ブルマ
表布（綿ローン）110cm幅 0.7m
ゴムテープ 2cm幅（ウエスト分）48cm、0.5cm幅（裾口分）46cm

●縫う前の準備（→ p.79）

●縫い方
①股下を縫う（→ p.79）
②股上を前後続けて縫う（→ p.81）
③（aのみ）フリルを作って、後ろパンツにつける（→ p.81）
④脇を縫う。縫い代はジグザグミシンをかけて、後ろ側に倒す
⑤裾を三つ折りにして縫い、ゴムテープを通す（→ p.79）
⑥ウエストを三つ折りにして縫い、ゴムテープを通す（→ p.80）
⑦（cのみ）リボンを作ってつける（→ p.81）

●裁合せ図
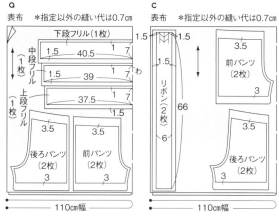

●縫い方順序
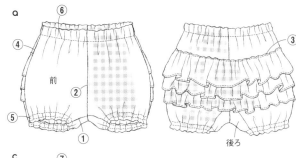

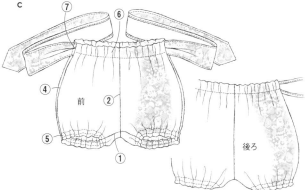

a,c-② 股上を前後続けて縫う
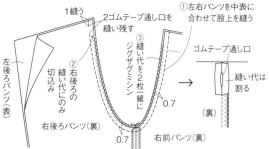

a-③ フリルを作って、後ろパンツにつける
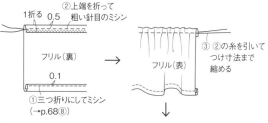

c-⑦ リボンを作ってつける
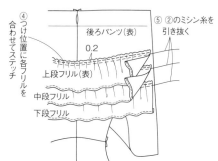

b ブルマいろいろ
--> p.41（右上）

d ブルマいろいろ
--> p.41（左下）

●必要なパターン（実物大パターンB面）
前後パンツ、ベルト、前後ペプラム（bのみ）、
前後オーバースカート（dのみ）
・bの前後ペプラムとdの前後オーバースカートは、
　実物大パターンもありますが、裁合せ図で示した寸法を
　直接布地にしるして裁つこともできます

●材料
b ブルマ
表布（綿ローン）110cm幅 0.8m
ゴムテープ 1.8cm幅（ウエスト分）48cm、
0.5cm幅（裾口分）46cm
リボン飾りを1個

d ブルマ
表布（コットン）110cm幅 0.8m
別布（チュール）100cm幅 1m
ゴムテープ 1.8cm幅（ウエスト分）48cm、
0.5cm幅（裾口分）46cm

●縫い方
①股下を縫う（→ p.79）
②裾を三つ折りにして縫い、ゴムテープを通す（→ p.79）
③股上を前後続けて縫う（→ p.79）
④bのペプラム、dのオーバースカートをそれぞれ縫う（→ p.83）
⑤bのペプラム、dのオーバースカートにのウエストにそれぞれ
　ギャザーを寄せて、パンツと合わせる（→ p.83）
⑥ベルトの後ろ中心を縫う（→ p.83）
⑦ベルトをパンツにつけ、ゴムテープを通す（→ p.83）
⑧（bのみ）リボン飾りをつける

●縫い方順序

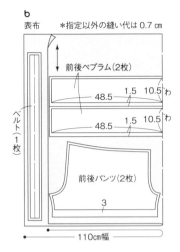

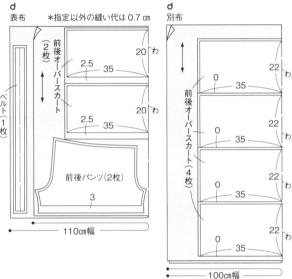

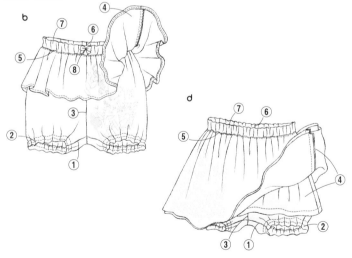

d-④ オーバースカートを縫う

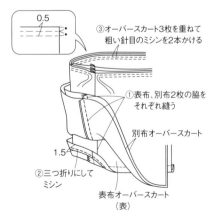

b-④ペプラムを縫う

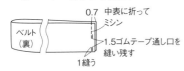
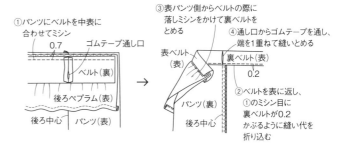

b-⑤ペプラムのウエストにギャザーを寄せて、パンツと合わせる

b.d-⑥ベルトの後ろ中心を縫う

b-⑦ベルトをパンツにつけ、ゴムテープを通す

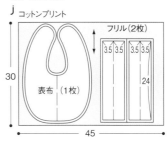

h スタイでおめかし
--> p.45（右上）

j スタイでおめかし
--> p.45（中央）

k スタイでおめかし
--> p.45（右中）

●必要なパターン（実物大パターン B面）
スタイ
・jのフリルは、裁合せ図で示した寸法を
直接布地にしるして裁ちます

●材料
h スタイ
表布上段、裏布（ダンガリー）25×55cm
表布下段（コットン）25×10cm
レーステープ1cm幅を20cm
アイロン接着マジックボタン直径2.2cmを1組み

j スタイ
表布、フリル（コットンプリント）45×30cm
裏布（コットン無地）25×30cm
アイロン接着マジックボタン直径2.2cmを1組み

k スタイ
表布、裏布（コットンブロード）50×30cm
レーステープ4.6cm幅を20cm、2.4cm幅を60cm、
1.2cm幅を50cm
アイロン接着マジックボタン直径2.2cmを1組み

●縫い方
h スタイ
①表布上段にレーステープを仮どめする（→p.84）
②表布上段に下段をつける（→p.84）
③表布と裏布を縫い合わせる（→p.84）
④マジックボタンをつける

j.k スタイ
①表布に jはフリルを kはレーステープを仮どめする（→p.84）
②表布と裏布を縫い合わせる
③マジックボタンをつける

●裁合せ図 *縫い代は0.7cm

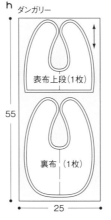
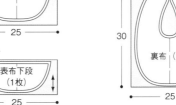
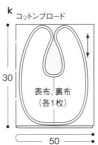

h-① 表布上段にレーステープを仮どめする

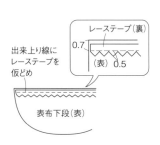

h-② 表布上段に下段をつける

h-③ 表布と裏布を縫い合わせる

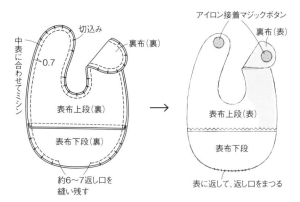

j-① 表布にフリルを仮どめする

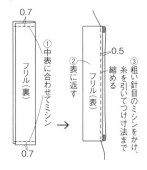

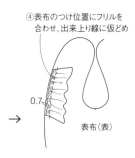

k-① 表布にレーステープを仮どめする

- ●=1.2cm幅レーステープ
- △=2.4cm幅レーステープ
- ○=4.6cm幅レーステープ

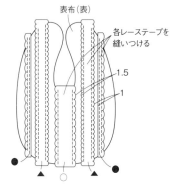

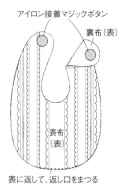

● 85ページ l、m 裁合せ図

*指定以外の縫い代は0.7cm

l

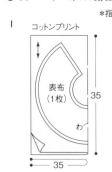
コットンプリント 表布(1枚) 35×35 わ

パイル地 裏布(1枚) 35×35 わ

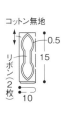
コットン無地 リボン(2枚) 0.5 15 10

m

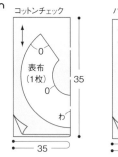
コットンチェック 表布(1枚) 35×35 わ

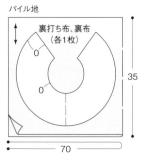
パイル地 裏打ち布、裏布(各1枚) 35×70

l スタイでおめかし
--> p.45（左下）

m スタイでおめかし
--> p.45（中下）

● **必要なパターン（実物大パターンB面）**
スタイ、リボン（lのみ）

● **材料**

l スタイ
表布（コットンプリント）35 × 35cm
リボン（コットン無地）10 × 15cm
裏布（パイル地）35 × 35cm
コードパイピングテープ1cm幅を85cm
アイロン接着マジックボタン直径2.2cmを1組み

m スタイ
表布（コットンチェック）35 × 35cm
裏布、裏打ち布（パイル地）70 × 35cm
縁とり用バイアステープ11mm幅を1.5m
アイロン接着マジックボタン直径2.2cmを1組み

● **縫い方**

l スタイ
①表布にパイピングテープを仮どめする（→ p.85）
②表布と裏布を縫い合わせる（→ p.85）
③リボンを作ってつける（→ p.53）
④マジックボタンをつける

m スタイ
①表布、裏打ち布、裏布を合わせる
②外回りを縁とり用バイアステープで始末する（→ p.85）
③マジックボタンをつける

● **裁合せ図**
84ページ下参照

l-① 表布にパイピングテープを仮どめする

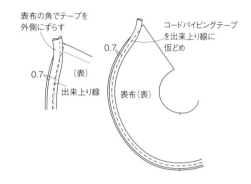

l-② 表布と裏布を縫い合わせる

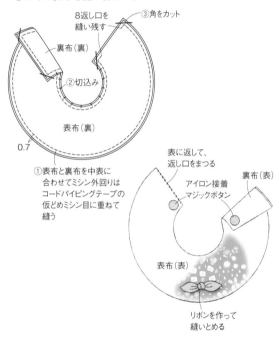

m-② 外回りを縁とり用バイアステープで始末する

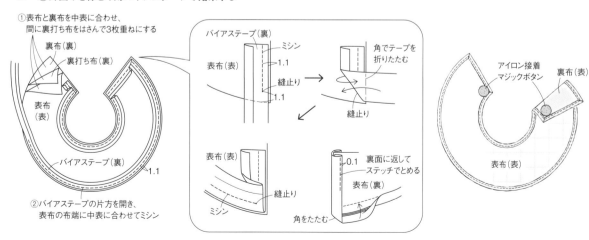

Column

アイロンプリントでシンプル服をアレンジ --> p.46

●材料
既製品のTシャツ、アイロンプリントシート

●アイロンプリントのやり方

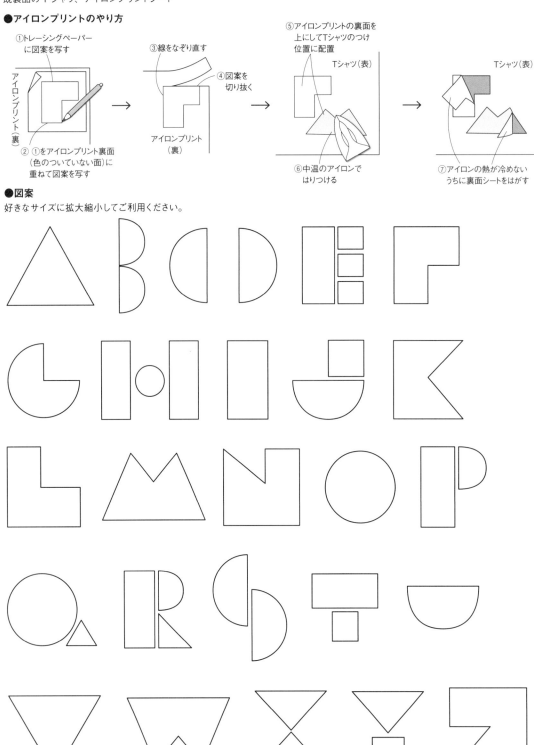

●図案
好きなサイズに拡大縮小してご利用ください。

[クレジット]
p.8 ロンパース、p.10 ロンパース、p.12 トップス、p.18 トップス、
p.19 トップス、p.20 トップス、p.32 トップス、靴下、
p.42b トップス、p.46 パンツ（右）／モンミミ

p.26 おもちゃ／gg*（Kukkia）

p.16、p.19、p.23、p.24、p.27、p.32、p.41
おもちゃ／kiko+（Kukkia）

p.27、p.42c ニット／ファブ（ノーザンスカイ）

[ショップリスト]
Kukkia　http://kukkia.co.jp
ノーザンスカイ　tel.03-6804-6815
モンミミ　http://www.monmimi.co.jp
こちらの情報は、2018年3月現在のものです。

[布地提供]
p.7 A、p.10 D、E、F、p.12 G（表）、p.16 J（表）、
p.19 N（表）、p.28 T、p.30 U、p.32 V、p.34 X、
p.38 Z、p.41 a、p.41 d（コットン）、p.45 n
チェック＆ストライプ　自由が丘店
東京都目黒区緑が丘 2-24-13-105　tel.03-6421-3200
http://checkandstripe.com

p.9 C、p.10 D、p.12 G（裏）、p.17 L（裏）、p.24 Q、
p.26 R、p.33 W、p.41 b、p.41 c
丸十（リバティ）
福岡市博多区上川端町 11-275　tel. 092-281-1286
http://maru10.jp

p.13 H、p.18 M
コッカ（ナニイロ）
大阪市中央区備後町 2-4-6　tel.06-6201-2572
https://naniiro.jp

p.15 I（3種）
コッカ（3min.）
大阪市中央区備後町 2-4-6　tel.06-6201-2572
http://kokka-fabric.com

p.17 L（表）、p.27 S、p.36 Y、p.41 e
布地のお店 ソールパーノ
大阪市中央区平野町 2-1-10　tel.06-6233-1329
http://www.rakuten.co.jp/solpano/

p.45 i
サンヒット（キッピス）
埼玉県八潮市大瀬 6-9-7　tel.0120-898914
http://www.sunhit.com/brand/kippis/

[布地、付属品提供]
p.17 K、プラスナップ、プラスナップ専用プレス、
ナイロンスナップ、アイロン接着マジックボタン
清原
大阪市中央区南久宝寺町 4-5-2　tel.06-6252-4735
http://www.kiyohara.co.jp

[糸提供]
ミシン糸＝シャッペスパン60番、90番、
ロックミシン糸＝ハイスパンロック90番
フジックス
京都市北区平野宮本町 5　tel.075-463-8112
http://www.fjx.co.jp

[布地協力]
p.20-21 O、p.23 P、p.41 d（チュール）、p.45 j
チェック＆ストライプ　自由が丘店
東京都目黒区緑が丘 2-24-13-105
tel.03-6421-3200
http://checkandstripe.com

本書で使用した布地は2017年に販売されていたものです。
売切れの場合はご容赦ください。

佐藤かな　Kana Sato

スタイリスト。
東京生れ。明治学院大学文学部フランス文学科卒業。
スタイリスト梅山弘子氏に師事し、その後独立。雑誌や広告などを中心に活躍。裁縫好きとしても知られ、雑誌やワークショップで紹介する手作り服はセンスがいいと評判に。プライベートの着こなしもファン多数。
著書に『KANA'S STANDARD スタイリスト佐藤かなの簡単に作れて、とことん使える日常着』、『KANA'S STANDARD for kids スタイリスト佐藤かなが作る女の子に着せたい毎日の服』、『KANA'S STANDARD Ⅱ スタイリスト佐藤かなのシンプルパターンでとことん楽しむ服作り』『KANA'S STANDARD for kids Ⅱ スタイリスト佐藤かなが作る男の子にも女の子にも着せたい服』（すべて文化出版局刊）、ほか多数。

ブックデザイン	石田百合絵（ME&MIRACO）
撮影（人物）	田村昌裕（FREAKS）
撮影（静物）	横田裕美子（studio banban）
スタイリング	佐藤かな
モデル	ラベンダー アリス、トルハースト クリスティーナ、マサル スミス
パターン協力	土屋教之（アンドライン）
製作協力	佐藤明子
作り方解説	山村範子
トレース	day studio ダイラクサトミ
パターングレーディング	上野和博
パタートレース	アズワン（白井史子）
DTP オペレーション	文化フォトタイプ
校閲	向井雅之
編集	薫森亮子　大沢洋子（文化出版局）

KANA'S STANDARD for baby
スタイリスト佐藤かなが作る赤ちゃんのための服と小物

2018 年 3 月 25 日　第 1 刷発行
2023 年 9 月 8 日　第 2 刷発行

著　者	佐藤かな
発行者	清木孝悦
発行所	学校法人文化学園 文化出版局 〒 151-8524 東京都渋谷区代々木 3-22-1 電話 03-3299-2489（編集） 　　 03-3299-2540（営業）
印刷・製本所	株式会社文化カラー印刷

©Kana Yamagiwa 2018　Printed in Japan
本書の写真、カット及び内容の無断転載を禁じます。

・本書のコピー、スキャン、デジタル化等の無断複製は著作権法上での例外を除き、禁じられています。
　本書を代行業者等の第三者に依頼してスキャンやデジタル化することは、たとえ個人や家庭内での利用でも著作権法違反になります。
・本書で紹介した作品の全部または一部を商品化、複製頒布、及びコンクールなどの応募作品として出品することは禁じられています。
・撮影状況や印刷により、作品の色は実物と多少異なる場合があります。ご了承ください。

文化出版局のホームページ　https://books.bunka.ac.jp/